Menschen in DACH

–10 Themen aus den deutschsprachigen Ländern–

2024

Diana Beier-Taguchi • Masatoshi Tanaka

ASAHI Verlag

固有名詞（地名・人名など）の表示について

本書では、読者の理解の助けとなるよう、下記の固有名詞について、字体と文字色を区別して表示しています（章ごとに、初出の語に適用）。また、略説付きの固有名詞リストを<u>上記ストリーミングサイト</u>にご用意しています。

例　　Die deutsche Bundesinnenministerin <u>Nancy Faeser</u> (SPD) rät deshalb
den Bundesbürgerinnen und -bürgern, einen Notvorrat anzulegen. Vor

【注】実際の文章に下線はありません。

国名・地域名・都市名（次を除く：Deutschland, Österreich, die Schweiz, Japan, Berlin, München, Hamburg）・人名・団体名・建物名・キャラクター名・略語（一部）　など

ま え が き

　本シリーズでは、毎年、ドイツ語圏の人々の暮らしや社会についての 10 のトピックを取りあげます。読解テキストに続いて、文法確認や語彙の定着を図る練習のほか、ランデスクンデについての課題を豊富に用意し、社会制度や文化について自発的な学習ができるように工夫してあります。

　現代を生きる地球市民に必要なことは、言語も社会制度・世界観・生活習慣も異なる他者と共存するために、互いを尊重し、互いに理解しあうことです。同一言語圏であっても、あるいは一つの家族の構成員であっても、個人個人が異文化の集まりです。ドイツ語という共通の言語を使う言語圏の中にも、地域や個人の立場によって価値観や考え方が違うこと、そしてその違いを知ることが大切であり、近年の DaF（外国語としてのドイツ語）教育の場面でも、人工的な例文ではなく、学習者が追体験できるような日常に根ざした表現を学ぶなど、言語と文化理解は不可分で展開されています。

　書名 „Menschen in DACH“ にある DACH は、D（ドイツ）、A（オーストリア）、CH（スイス）を指す語ですが、この 3 ヵ国以外にも、本書ではリヒテンシュタイン、ベルギー、ルクセンブルク、南チロルも含め、ドイツ語圏の多様性にアプローチしています。Demmig et al.（2013）* では、ドイツ語圏の多様性を、DACH の複数形、DACHs という表現で表そうと試みています。Demmig et al. のアイデアから、本書のマスコットにもアナグマ（Dachs）を採用しました。

　本書の巻末には、言語使用に関するトレンドやルール、表現の由来など、ドイツ語に関する発展的なコラム（„AHA-Box“）を用意しました。„Einblicke“ のコーナーでは、10 のテーマのうちのいくつかについて、現地（ドイツ語圏）の「今」が知れる写真やインタビュー音声、動画が用意されています。

　みなさんのドイツ語の学び、またドイツ語圏の知識が深まりますよう、本書がそのお手伝いをできれば幸いです。

2024 年新春
Diana Beier-Taguchi・田中雅敏

*Demmig, S./ Hägi, S./ Schweiger, H.（2013）: *DACH-Landeskunde – Theorie – Geschichte – Praxis*. Iudicium: München.

ドイツ語圏略地図 （ ■ はドイツ語使用地域）

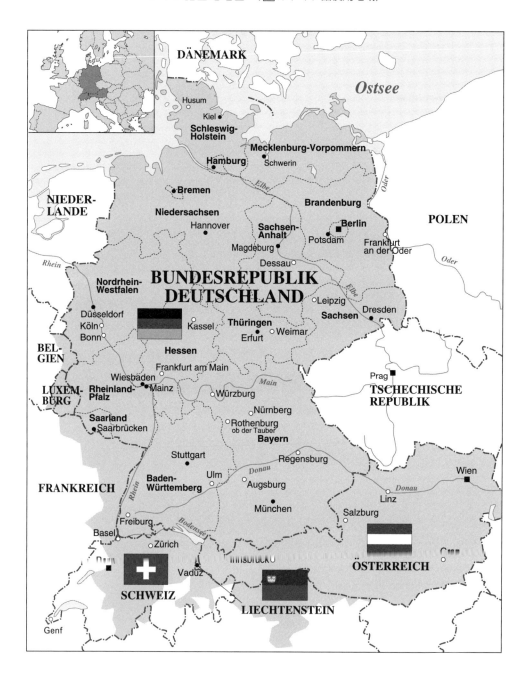

Inhaltsverzeichnis

KAPITEL 01 Die Salzburger Festspiele – Eine Veranstaltung für *jedermann*?

演劇「イェーダーマン」
のリハーサル風景

「街全体が舞台と化す」世界最大の音楽祭の一つ、ザルツブルク音楽祭が 100 周年を迎える

Die Salzburger Festspiele gehören zu den größten Musikfestivals weltweit. Die wunderschöne barocke[1] Stadt Salzburg selbst dient als Kulisse[2]. Sechs Wochen lang im Sommer kann man ein vielfältiges Programm genießen. Es gibt Opern, Konzerte und Schauspiele. Die Festspiele ziehen jedes Jahr über 200.000 Gäste an. Nur im Jahr 2020, dem Jubiläumsjahr[3], wurde aufgrund der Corona-Pandemie das Programm gekürzt und es gab nur 80.000 Tickets zu kaufen. Einige der Jubiläumsstücke[4] wurden ein Jahr später gespielt.

5

---

❶ barock「バロック様式の」。バロック様式は 1600 年から 1750 年ごろにかけてヨーロッパで流行した芸術様式　❷ die Kulisse「舞台、舞台装置」。ザルツブルクの町そのものがザルツブルク祝祭上演（音楽祭）の舞台の一部になっていることをいう　❸ das Jubiläumsjahr「記念の年、周年」。1920 年 8 月 22 日にフーゴ・フォン・ホフマンスタールの演劇「イェーダーマン（Jedermann）」がザルツブルクで上演されたことがこの音楽祭の始まりとされている　❹ Jubiläumsstücke (*pl.*)「100 周年を祝う演目」。コロナ・パンデミックのため、100 周年記念の 2020 年に上演・演奏される予定だった演目や楽曲がカットされ、2021 年に延期された

Das Festival blickt auf eine 100-jährige Geschichte. Nach dem ersten 🎧03

10 Weltkrieg gegründet, durchlebte es schwere Zeiten während des 2. Weltkriegs. Manche Komponisten und Werke durften nicht mehr aufgeführt werden, Künstler kamen nicht oder durften nicht kommen. Als das Stauffenberg-Attentat[5] 1944 scheiterte, wurden die Festspiele im gesamten Reich abgesagt. Die Zukunft war ungewiss. Doch in den

15 Nachkriegsjahren fanden die Festspiele schnell zur Normalität zurück und entwickelten sich zu einem mehrwöchigen Event.

Von der Idee nach dem ersten Weltkrieg bis hin zur Geburtsstunde[6] 🎧04 1920 spielten drei Personen eine wichtige Rolle: der Regisseur Max Reinhardt, der Dichter Hugo von Hofmannsthal und der Komponist

20 Richard Strauss. Als Gegenstück zu den Bayreuther Festspielen sollten sich die Salzburger Festspiele mit dem künstlerischen Erbe[7] und aktuellen Werken österreichischer Komponisten beschäftigen.

Am 22. August 1920 auf dem Salzburger Domplatz[8] war es dann so 🎧05 weit. Mit der Aufführung des „Jedermann" von Hofmannsthal in der

25 Inszenierung[9] von Reinhardt begann die Geschichte der Salzburger Festspiele. Im Jahr 1921 wurden zusätzlich Orchester- und Kammerkonzerte dargeboten. Wiederum ein Jahr später kamen verschiedene Opern von Mozart hinzu. Somit erhielten die Salzburger Festspiele ihre drei Grundpfeiler: Oper, Konzert und Schauspiel.

30 Die Stadt Salzburg hat neben dem Komponisten Wolfang Amadeus 🎧06

---

❺ das Stauffenberg-Attentat「シュタウフェンベルクの暗殺」。1944年7月20日、大佐だったシュタウフェンベルク（Claus von Stauffenberg）がヒトラー暗殺を狙って時限爆弾を爆発させたがヒトラーは軽傷で済み、生き延びた。なお、この頃のオーストリアはドイツ併合によりナチス政権下のドイツ（いわゆる「第三帝国」）に属していた ❻ die Geburtsstunde「誕生の瞬間」。1920年8月22日に「イェーダーマン」の上演をもって、ザルツブルク音楽祭が誕生した ❼ das künstlerische Erbe「芸術家（音楽家や俳優など）の文化的遺産」。いわゆる有形、無形の文化財 ❽ der Domplatz「大聖堂広場」ザルツブルク大聖堂前の広場の名称。 ❾ die Inszenierung「演出」

Mozart noch einen weiteren wichtigen Musiker hervorgebracht: **Herbert von Karajan**. Der Dirigent und Pianist ist eng mit den Salzburger Festspielen verbunden[10]. Von seiner Berufung[11] als künstlerischer Leiter[12] (1956-1960) bis zu seinem Tod 1989 prägte er die Salzburger Festspiele als Dirigent und Mitglied des Direktoriums[13] wie kein anderer. Er spielte 35 eine wichtige Rolle bei der Internationalisierung und dem Bau des Großen Festspielhauses[14]. Bei dessen Eröffnungspremiere 1960 ließ er die Oper „Der Rosenkavalier" von **Richard Strauss** aufführen. Karajan gründete außerdem die Osterfestspiele[15], die er bis zu seinem Tod leitete.

Als Herbert von Karajan 1989 während der Proben zu **Verdis** 40 „Maskenball" verstarb, verloren die Festspiele ihre wichtigste Figur. Ab 1991 wurde **Gerard Mortier** Intendant[16] und machte es sich zur Aufgabe, die Festspiele zu modernisieren und zu verjüngen. Sein Engagement[17] hat die Festspiele zudem gemacht, was sie heute sind. Eine Veranstaltung, deren Programm neben traditionellen auch neue Stücke enthält. Ein 45 Musikfest, dessen Musik jedes Jahr in Salzburgs Straßen erklingt[18]. Festspiele für *jedermann*.

---

❿ mit ~³ verbunden sein「～³と結びついている」 ⓫ die Berufung「任用」 ⓬ der künstlerische Leiter「芸術監督」。音楽祭などの芸術における総監督 ⓭ das Direktorium「管理局」 ⓮ das Festspielhaus「祝祭劇場」 ⓯ die Osterfestspiele (pl.)「イースター音楽祭」。復活祭の期間にザルツブルクで開催される ⓰ der Intendant「劇場監督」 ⓱ das Engagement「責務・関わり」 ⓲ erklingen「鳴り（響き）はじめる」

Grammatik

カッコに挙げる動詞を、指定する主語に合わせて過去人称変化させましょう。

a) es .... (geben)

b) das Festival .... (durchleben)

c) manche Komponisten .... (dürfen)

d) Künstler .... (kommen)

e) die Festspiele .... zur Normalität .... (zurückfinden)

f) die Geschichte .... (beginnen)

g) die Festspiele .... (verlieren)

Lexik

以下の語（句）の意味を調べてみましょう。

a) weltweit   b) vielfältig

c) absagen   d) eine wichtige Rolle spielen

e) das Gegenstück   f) prägen

g) die Veranstaltung

Landeskunde

次の質問に答えてみましょう。

1. Hören Sie gerne klassische Musik?

2. Welche Musik hören Sie gerne?

3. Waren Sie schon einmal in Salzburg? Wenn ja, hat es Ihnen gefallen? Was haben Sie dort gemacht?

4. Welche Städte in D-A-CH möchten Sie einmal besuchen und warum?

KAPITEL 02 Aus „Hartz-IV" wird „Bürgergeld"

社会保障が充実しているドイツ、新しい失業給付金制度はいかに？

Seit Januar 2023 ersetzt das „Bürgergeld[1]" das „Arbeitslosengeld 2", welches die Grundsicherung[2] der Arbeitssuchenden leistete und auch „Hartz-IV" genannt wurde. Der umgangssprachliche[3] Name Hartz-IV ging aus der höchsten Stufe der „Kommission für moderne Dienstleistungen[4] am Arbeitsmarkt" hervor, die von **Peter Hartz** geleitet wurde, Mitglied des Vorstands[5] der Volkswagen-AG und Vorsitzender[6] der Kommission.

Die Kommission aus dem Jahr 2002 brachte ein Konzept für eine Reformation des Arbeitsmarkts vor. Im Zentrum standen die Integrationsleistungen[7] der Arbeitslosen.

---

❶ das Bürgergeld「市民手当」。「ハルツⅣ」は受給条件が厳しく、受給者の求職活動を鈍らせることがあったため、厳しすぎる措置を緩和した新しい制度が設けれた ❷ die Grundsicherung「基本保障」。求職者を支援する社会保障の一つ ❸ umgangsprachlich「日常語の」。ここでは「俗称・通称」の意味 ❹ die Dienstleistung「サービス」 ❺ der Vorstand「理事・役員」 ❻ der Vorsitzende「委員長・会長」 ❼ die Integrationsleistung「統合のパフォーマンス」。失業者が社会復帰すること

10 　　Im Jahr 2023 tritt nun die Bürgergeld-Reform in Kraft. Arbeitssuchende 🎧10

sollen durch Qualifizierung, Weiterbildung[8] und individuelles Coaching

bei der Suche nach einem Arbeitsplatz unterstützt werden. Die dauerhafte

Integration in den Arbeitsalltag ist das Ziel.

　　Jede Person, die über 15 Jahre alt ist, aber das Rentenalter[9] noch nicht 🎧11

15 erreicht hat, kann beim Jobcenter[10] das Bürgergeld beantragen. Dazu muss

die Person erwerbsfähig und bedürftig sein sowie den Wohnsitz[11] in

Deutschland haben. Erwerbsfähigkeit heißt, dass man arbeiten kann. Man

muss aber nicht arbeitslos sein, um Bürgergeld zu bekommen. Auch

Personen, die bereits arbeiten, aber nicht genug zum Leben verdienen,

20 können Bürgergeld beantragen. Man nennt diese Personen „Aufstocker[12]".

　　Flüchtlinge erhalten ebenfalls Bürgergeld. Auszubildende können 🎧12

während der Ausbildungszeit auch Bürgergeld bekommen. Studentinnen

oder Studenten und Schülerinnen und Schüler, die nicht mehr bei den Eltern

wohnen, haben keinen Anspruch. Sie können jedoch „BAföG" beantragen.

25 BAföG ist die Abkürzung für „Bundesausbldingsfördergesetz" und ist

eine Förderung[13] für Studierende und Schülerinnen und Schüler, die von

ihren Eltern nicht ausreichend finanziell unterstützt werden können.

　　Beim Bürgergeld gibt es allerdings auch Sanktionen[14]. Wenn eine 🎧13

Person eine zumutbare Stelle nicht annimmt oder Termine im Jobcenter

30 verpasst, wird beim ersten Mal einen Monat lang 10 Prozent des

Bürgergelds gekürzt. Beim zweiten und dritten Mal werden 20 bzw.[15] 30

Prozent für 2 oder 3 Monate gekürzt. Das Jobcenter nennt diese Sanktionen

---

❽ die Weiterbildung「(さらなる) 職業訓練」 ❾ das Rentenalter「年金受給年齢」 ❿ das
Jobcenter「ジョブセンター」。連邦労働社会省管轄の労働局が運営する職業斡旋センター。市民手当の窓
口でもある ⓫ der Wohnsitz「定住所」 ⓬ der Aufstocker (aufstocken)「上乗せ受給者」。失業保険
に加えて市民手当も受給する人 ⓭ die Förderung「助成」 ⓮ die Sanktion「罰則」 ⓯ bzw.
(beziehungsweise)「または」

„Leistungsminderungen[16]".

Momentan erhält eine erwachsene alleinstehende Person einen Regelsatz[17] von 502 Euro. Die Miete wird ebenfalls übernommen. Damit 35 ist der Regelsatz des Bürgergeldes bisher 50 Euro höher als bei Hartz-IV. Sozialverbände[18] kritisieren das und fordern mehr Geld für Hilfsbedürftige. Der Paritätische Wohlfahrtsverband[19] sagt, das Bürgergeld sei deutlich zu niedrig. Die Leistungen müssten auf 725 Euro steigen, um gegen Armut zu schützen. Für 2024 ist zumindest geplant, den Satz auf 537 Euro 40 anzuheben, da vor allem die Lebensmittel- und Energiepreise stark angestiegen sind. Ob das zum Leben ausreichen[20] wird oder ob weitere Änderungen nötig sind, wird sich bald zeigen.

---

❶⓰ die Leistungsminderung「給付減額」 ❶⓱ der Regelsatz「基本額」 ❶⓲ der Sozialverband「社会団体」 ❶⓳ der Paritätische Wohlfahrtsverband「同権福祉連合」。すべての人の地位と機会の平等や多様性のために活動する、福祉分野の独立した組織、機関、団体からなる福祉連合 ❷⓴ ausreichen「足りる、十分である」

Grammatik

次の格変化の表を完成させましょう。

a)

1格	
2格	
3格	
4格	einen Arbeitslosen

b)

1格	die Arbeitslosen
2格	
3格	
4格	

Lexik

以下の語（句）の意味を調べてみましょう。

a) in Kraft treten

b) erwerbsfähig

c) bedürftig

d) keinen Anspruch haben

e) finanziell unterstützt werden

f) die zumutbare Stelle

Landeskunde

自分なりに調べて、次の質問に答えてみましょう。

1.　Wie heißt das Jobcenter in Japan?

2.　Was ist Arbeitslosengeld (Alg 1)?

3.　Wie werden Studierende in Japan unterstützt?

4.　Welche Sozialleistungen können Arbeitsuchende in Japan empfangen?

コロナ・パンデミックが学校教育にもたらした影響は様々であり、学力のみならず心理的にも及んでいる

Die Maskenpflicht in den öffentlichen Verkehrsmitteln ist im Februar 2023 gefallen. Corona-Tests, Abstandsregeln[1], Schulschließungen – all das gehört inzwischen der Vergangenheit an. Dennoch sind die Folgen der Corona-Pandemie an den Schulen noch deutlich zu spüren: Die Lernrückstände[2] bei vielen Schülerinnen und Schülern sind groß. 5 Außerdem zeigen viele Kinder und Jugendliche deutlich mehr psychische Belastungen.

Die aktuelle Befragung des Deutschen **Schulbarometers** der **Robert Bosch Stiftung** machte deutlich, dass die Schulen mit den Folgen der Pandemie noch länger zu kämpfen haben. 35 Prozent der Schulleitungen[3] 10

---

❶ die Abstandsregel「距離を保つルール」。いわゆるソーシャルディスタンスを保つように求めるルールのこと　❷ der Lernrückstand「学習の遅れ・滞り」。コロナ禍で学校も学習指導計画通りに授業をできておらず、本来想定されていたところまで学習が到達できていないことを指す　❸ die Schulleitung「学校運営責任者」。学校当局や学校長などを指す

sehen deutliche Lernrückstände bei den Schülerinnen und Schülern. Zudem gibt jede zweite befragte Schulleitung an, dass die Angebote der Schulsozialarbeit[4] und der Schulpsychologie[5] für die Unterstützung der Schülerinnen und Schüler nicht ausreichen.

15   Der Soziologe **Bastian Betthäuser** und sein Team haben 42 Studien 🎧17 zu **Lernständen** aus 15 Ländern analysiert. Danach lassen sich bei Schülerinnen und Schülern infolge der Pandemie im Schnitt 35 Prozent weniger Lernzuwachs verzeichnen als in anderen Schuljahren. Das größte Defizit[6] sei in den ersten Monaten entstanden, als die Schulen erstmals fast 20 überall geschlossen waren. In Mathematik waren die Lernrückstände am größten. Die Wissenschaftlerinnen und Wissenschaftlicher vermuten, dass die Eltern in diesem Fach während der Homeschooling-Phase[7] am wenigsten ihren Kindern helfen konnten.

Das Team hat außerdem festgestellt, dass der sozioökonomische 🎧18 25 Hintergrund[8] die Größe der Lernrückstände beeinflusst. Auch andere Studien haben gezeigt, dass die Lernrückstände bei Schülerinnen und Schülern aus sozial benachteiligten Familien bedeutend größer sind.

Neben den Lernrückständen zeigt sich auch die Zunahme von 🎧19 psychosozialen[9] Belastungen bei Kindern und Jugendlichen während der 30 Corona-Pandemie. Laut einer Studie des **Robert-Koch-Instituts** sind die psychischen Probleme bei Kindern und Jugendlichen im Verlauf der Pandemie immer weiter gestiegen. Nach einem gemeinsamen Bericht einer Arbeitsgruppe[10] von Bundesfamilienministerium[11] und

---

❹ die Schulsozialarbeit「スクールソーシャルワーカー」。教育機関において福祉相談業務に従事する福祉職専門家　❺ die Schulpsychologie「教育（学校）心理学」　❻ das Defizit「不足・欠乏」。学習効果が低いということ　❼ die Homeschooling-Phase「在宅授業期間」。遠隔授業による非対面形式の授業期間のこと　❽ der sozioökonomische Hintergrund「社会・経済的な背景」。子どもが置かれている家庭環境の社会層や経済水準がどの程度であるかということ　❾ psychosozial「心理社会的な」　❿ die Arbeitsgruppe「ワーキンググループ」　⓫ das Bundesfamilienministerium「ドイツ連邦家庭省」

Bundesgesundheitsministerium[12] sind 73 Prozent der Kinder psychisch belastet. Daher wurden Anfang Februar 2023 Maßnahmen verabschiedet, 35 um Kinder und Jugendliche langfristig und nachhaltig zu unterstützen. Unter anderem sollen mehr Therapieplätze geschaffen sowie Schulsozialarbeit und Schulpsychologie ausgebaut werden.

20 Deutlich mehr Auffälligkeiten bei Kindern beobachten Lehrkräfte in der Schuleingangsphase[13]. Ein Grund dafür ist, dass während der Pandemie 40 wegen der Überlastung der Gesundheitsämter[14] keine oder nur teilweise Schuleingangsuntersuchungen[15] durchgeführt wurden. Das Aussetzen habe

→ S.42 AHA-BOX

dazu geführt, dass Schulen bei einer Anzahl von Kindern einen erhöhten Förderbedarf[16] im Vergleich zu den Schuljahren vor der Pandemie festgestellt haben. Eine Umfrage des **MDR**[17] unter Gesundheitsämtern in 45 **Thüringen** hat zum Beispiel ergeben, dass Kinder häufiger Konzentrationsschwierigkeiten[18], Motorikprobleme[19] und Sprachdefizite[20] haben.

21 Lehrkräfte müssen neben dem Lehrstoff nun auch in diesen Bereichen stärker fördern. Sie stoßen dabei nicht selten an ihre Grenzen und wünschen sich mehr Unterstützung.

Einblicke → S.42

---

❶❷ das Bundesgesundheitsministerium 「ドイツ連邦保健省」 ❶❸ die Schuleingangsphase 「就学初期」 ❶❹ das Gesundheitsamt 「保健所・衛生局」 ❶❺ die Schuleingangsuntersuchung 「就学時検査」。新しく就学した子どもたちの学習状況や就学状況を調査すること ❶❻ der Förderbedarf 「支援の必要性」。学習障害などに対して特別な支援が必要となること ❶❼ der MDR 「中部ドイツ放送」 (Mitteldeutscher Rundfunk)。2 格なので des MDRs となるが、このような短縮語の場合には変化語尾の -s が省略されることが多い ❶❽ die Konzentrationsschwierigkeit 「集中することが困難なこと」 ❶❾ das Motorikproblem 「運動機能の問題・障害」 ❷⓿ das Sprachdefizit 「言語障害」

Grammatik

1. 次の **A, B, C** がほぼ同じ意味になるように、空欄に適切な語を入れましょう。

   A: Die Folgen der Corona-Pandemie sind noch deutlich zu spüren.

   B: Die Folgen der Corona-Pandemie können noch deutlich gespürt _____.

   C: Die Folgen der Corona-Pandemie _____ man noch deutlich spüren.

2. 以下に挙げる名詞の単数形を答えましょう。男性名詞には der、女性名詞には die、中性名詞には das を添えましょう。

   a) Verkehrsmitteln   b) Länder

   c) Lernrückstände   d) Angebote

   e) Lehrkräfte   f) Gesundheitsämter

Lexik

次の語（句）の意味を調べてみましょう。

a) psychische Belastungen (*pl.*)

b) im Schnitt

c) der sozioökonomische Hintergrund

d) im Verlauf

e) Maßnahmen verabschieden (*pl.*)

f) die Auffälligkeit

g) die Überlastung

h) das Aussetzen

Landeskunde

自分なりに調べて、次の質問に答えてみましょう。

1. Welche Maßnahmen ergriffen japanische Schulen während der Pandemie?

2. Sind Folgen der Maßnahmen bekannt?

3. Wie könnte man den betroffenen Kindern helfen?

KAPITEL 04 Waschmaschinen in der Küche – Warum?

「キッチンに洗濯機？」の謎に迫る

🎧 22　In Häusern gibt es oft einen Hauswirtschaftsraum[1], auch Waschküche[2] genannt. Hier kann man einen großen Teil der Hausarbeit verrichten[3]. Es gibt Waschmaschinen und Trockner[4] sowie einen Trockenraum[5], um gewaschene, noch feuchte Wäsche aufzuhängen.

🎧 23　Im 19. Jahrhundert wurde die Waschmaschine erfunden und in 5 Haushalten eingeführt. Diese frühen Maschinen waren oft handbetrieben oder mit Dampf betrieben und erleichterten die Arbeit erheblich. Waschküchen wurden in vielen Haushalten eingerichtet, um Platz für die Maschinen und einen Bereich für das Trocknen und Bügeln der Wäsche zu bieten. Sie waren meistens im Kellerbereich. In sehr alten Häusern gibt es 10

---

❶ der Hauswirtschaftsraum「家事のための部屋」「ユーティリティールーム」 ❷ die Waschküche「洗濯場」 ❸ verrichten「行う・片付ける」 ❹ der Trockner「乾燥機」 ❺ der Trockenraum「洗濯物を干す部屋」

manchmal noch richtig alte Waschküchen. Sie haben einen Steinbrunnen, in dem die Wäsche traditionell mit der Hand gewaschen wurde. In solchen alten Waschküchen gab es auch meistens eine Mangel[6], mit der man Bettlaken, Handtücher oder andere große Stoffe plätten konnte. Somit

15 musste man sie nicht bügeln.

In modernen Einfamilienhäusern besteht die Waschküche aus einer 🎧24 Waschmaschine, einem Trockner, einem Bügeleisen und einem Trockenbereich im Kellerbereich oder in einem abgetrennten Raum. Die Hauswirtschafsträume, die gemeinsam genutzt werden, gibt es immer noch

20 in Studentenwohnheimen und in Mietshäusern. Aber modernisierte oder neu gebaute Mietshäuser haben meistens keinen dieser Räume mehr. Dort muss die Waschmaschine und der Trockner dann in der Wohnung aufgestellt werden.

Viele Menschen wohnen in einer sehr kleinen oder ungünstig 🎧25

25 geschnittenen Wohnung. Trotz Raumnot[7] muss die Waschmaschine und der Trockner in der Wohnung angeschlossen[8] werden. Und dafür kommt nur ein Platz infrage, der über einen Wasseranschluss[9] verfügt. Das sind das Bad oder die Küche.

Meistens werden die Geräte im Badezimmer angeschlossen. Das ist am 🎧26

30 praktischsten. Man kann seine Kleidung nach dem Ausziehen direkt in die Waschmaschine stecken. Außerdem hält man sich nicht so lange im Bad auf, sodass die Geräusche der Waschmaschine oder des Trockners nicht allzu sehr stören.

Aber was kann man machen, wenn es für Waschmaschine und Trockner 🎧27

---

❻ die Mangel「洗濯物のしわ伸ばし用のローラー」 ❼ die Raumnot「空間の不足」。家によっては手狭で、空間に限りがある ❽ angeschlossen「付け加えられた」。動詞an|schließen「つなぐ、付け加える」どれだけ狭い家でも洗濯機と乾燥機は設備として住宅に備えられるという意味 ❾ der Wasseranschluss「水道への接続」。水栓など水の給排水口

im Bad nicht genügend Platz gibt? Es gibt Badezimmer, die winzig sind. 35
Es gibt gerade einmal Platz für eine Duschkabine[10] und eine Toilette.

🎧 28   In solchen Fällen kann die Waschmaschine in der Küche aufgestellt
werden. Viele mögen allerdings das große Bullauge[11] der Maschine in der
Küche nicht. Zudem nimmt sie Stauraum[12] weg. Und ein nächster
negativer Punkt ist, dass die frisch gewaschene Wäsche die Kochgerüche[13] 40
annehmen könnte. Daher wird empfohlen, das Fenster zu öffnen oder die
Dunstabzugshaube[14] nach dem Kochen etwas länger laufen zu lassen.

🎧 29   Mittlerweile gibt es viele Möglichkeiten, die Waschmaschine zu
verstecken. Man kann beim Planen der Einbauküche[15] eine extra
Küchenschranktür einbauen, hinter der man die große Haushaltshilfe 45
verstecken kann. Überdies kann man mit einer Trockenbauwand[16] oder
Schiebetüren, den Küchenbereich und den Waschbereich trennen. Die
modernen Waschmaschinen waschen zudem viel leiser, sodass die
Geräusche die Anwesenden in der Küche weniger stören.

🎧 30   Wichtig aber ist, dass die Waschmittel[17] nicht zusammen mit 50
Lebensmitteln gelagert werden sollten.

---

❿ die Duschkabine「シャワー室」。洗面所などの一角にあって、扉をしめてシャワーを浴びられるようになっている囲まれたスペースのこと ⓫ das Bullauge「取り出し口の丸いふた」。大きな目玉のように見える ⓬ der Stauraum「収納スペース」 ⓭ die Kochgerüche (pl.)「料理の匂い」 ⓮ die Dunstabzugshaube「レンジフード」 ⓯ die Einbauküche「システムキッチン」。流しやコンロ、食洗機などが予め作りつけられているキッチン台 ⓰ die Trockenbauwand「ドライウォール」。内装で使われる石膏ボードによる乾式の壁 ⓱ das Waschmittel「洗剤」

Grammatik

次の **A** と **B** がほぼ同じ意味になるように、空欄に適切な語を入れましょう。

1. **A:** Die Hauswirtschafsträume, die gemeinsam genutzt werden, gibt es immer noch in Studentenwohnheimen und in Mietshäusern.

   B: Die _____ Hauswirtschafsträume gibt es immer noch in Studentenwohnheimen und in Mietshäusern.

2. **A:** [⋯], dass die frisch gewaschene Wäsche die Kochgerüche annehmen könnte.

   B: [⋯], dass die Wäsche, die frisch _____, die Kochgerüche annehmen könnte.

Lexik

以下の語（句）の意味を調べましょう。

a) handbetrieben

b) erleichtern

c) (un)günstig geschnitten sein

d) infrage kommen

e) die Haushaltshilfe

f) die Schiebetür

g) der/die Anwesende

Landeskunde

次の質問に答えてみましょう。

1. Haben Sie eine Waschmaschine? Wenn ja, wo steht sie? Wenn nein, wo oder wie waschen Sie Ihre Wäsche?

2. Wie oft waschen Sie Ihre Wäsche?

3. Wie trocknen Sie Ihre Wäsche?

KAPITEL 05 Verspätung der Züge – ein Ärgernis für alle

迷惑千万 !!
常態化するドイツ鉄道の遅延。その原因は？

🎧
31
<u>Zugverspätungen</u> sind ärgerlich, vor allem für Pendler[1], Personen, die
→ S.44 AHA-BOX
umsteigen müssen, und Reisende, die auf dem Weg zum Flughafen sind.

Doch auch alle anderen Zugreisenden sind genervt.

🎧
32
Nach Angaben der Deutschen Bahn (DB) kamen im Juli 2022 11,3

Prozent der Züge mindestens sechs Minuten zu spät an. Im Nahverkehr[2] 5

waren es 10,4 Prozent und im Fernverkehr[3] sogar 40,1 Prozent.

🎧
33
Fragt man Konzernchef[4] **Richard Lutz**, so sind die Gründe für die

Verspätungen die Auslastung[5] der Züge und der zentralen Schienenwege[6].

Vor allem gegen Ende der Corona-Pandemie stieg die Zahl der Bahn-

---

❶ Pendler (pl.)「通勤・通学者（家と職場・学校の間を往復する人）」　❷ der Nahverkehr「近中距離交通」。Deutsche Bahn の区分では Interregio Express (IRE)、Regional Express (RE)、Regionalbahn (RB)、S-Bahn などが相当　❸ der Fernverkehr「長距離交通」。Deutsche Bahn の区分では Inter City Express (ICE)、Inter City (IC)、Euro City (EC)、D-Zug、EuroNight (EN) などが相当　❹ der Konzernchef「コンツェルンの CEO（最高経営責任者）」　❺ die Auslastung「フル稼働」。過剰な乗車率や線路を走る列車の数が多いことなどが意味されている　❻ der Schienenweg「鉄道路線」

10　Fahrenden rasant an, z.B. durch das 9-Euro-Ticket im Sommer 2022.

　　Doch das Schienennetz hält der großen Beanspruchung[7] nicht stand. 🎧34
Prof. Andreas Knie, Mobilitätsforscher, erklärt: „Wir haben seit 30, 40
Jahren die längst überfällige Verkehrswende[8] beziehungsweise die
Stärkung der Schiene vernachlässigt und müssen jetzt dringend
15　umsteuern[9]". Laut Knie seien die Gleise noch auf die Bedürfnisse des 19.
Jahrhunderts ausgelegt, z.B. mit Engpässen[10] im westlichen Teil
Deutschlands und einer zu breit angelegten Infrastruktur beispielsweise in
Görlitz (Ostdeutschland).

　　Der Personen- und Güterverkehr[11] hat seit 1995 zugenommen, doch das 🎧35
20　Schienennetz wurde verkleinert. Dies führt zu einer Überlastung des
vorhandenen Schienennetzes. Neben den strukturellen Gründen kann auch
das Wetter Verspätungen auslösen, etwa, wenn nach einem Unwetter Äste
auf den Gleisen liegen. Zudem führen technische Gründe zu Verspätungen.
Fahrzeugstörungen[12], wie Türen, die nicht schließen, waren die Ursache
25　für 10,5 Prozent der Verspätungen zwischen 2010 und 2019.

　　Die meisten Verspätungen gibt es im **Rhein-Main-Gebiet** mit 🎧36
Frankfurt und **Mannheim**, im **Rhein-Ruhr-Gebiet** vor allem im Raum
Köln, in Hamburg und in München.

　　Ist es möglich, die Deutsche Bahn pünktlicher zu machen? Im 🎧37
30　europaweiten Vergleich investiert Deutschland nur wenig in den
Schienenverkehr. Im Vergleich zu **Luxemburg** oder der Schweiz, die 567
beziehungsweise 440 Euro pro Kopf für die Schiene ausgeben, ist

---

❼ die Beanspruchung「要求・負荷」。高い利用率・乗車率などのこと　❽ die Verkehrswende「交通
の転換」。車両の開発や改善など、時代の変化に合わせて交通手段のほうも転換すること　❾
umsteuern「舵の転換」　❿ der Engpass「隘路（山間などの地理的に通行が困難なところ）」　⓫ der
Personenverkehr「旅客輸送」、der Güterverkehr「貨物輸送」　⓬ die Fahrzeugstörung「車両自体
の故障・トラブル」

Spanien mit 40 Euro das Schlusslicht. Aber Deutschland schneidet mit 88 Euro pro Kopf nur wenig besser ab.

🎧 38 Laut Bundesverkehrsministerium[13] sollen zwischen 2021 und 2025 35 etwa 45 Milliarden Euro in den Ausbau[14] der Infrastruktur des Schienennetzes und weitere 49 Milliarden Euro in den Ausbau innerhalb der Bundesländer investiert werden. Außerdem soll das Schienennetz stärker digitalisiert werden.

🎧 39 Doch so gut das klingt, bedeutet das erst einmal: Baustelle. Bereits ab 40 2024 sollen wichtige Strecken generalsaniert[15] werden. Für die Arbeiten müssen diese Strecken aber für einen längeren Zeitraum gesperrt werden. Zumindest für die nächsten Jahre ist noch mit Verspätung zu rechnen.

🎧 40 Doch bereits jetzt werden die Verspätungen und der Service der DB in den Sozialen Netzwerken[16] diskutiert. Berühmt sind die Posts auf 45 Facebook und X der Münchner Philharmoniker, die ihrem Ärger dort Luft machten[17]. Eigentlich wollten sie ökologisch per Bahn auf ihrer Tournee reisen. In Köln fielen dann aber drei ICEs aus und sie kamen mit 4,5 Stunden Verspätung in Berlin an. Die Radioübertragung[18] ihres Auftritts musste ausfallen. Den Grund für die Verspätung dürfen sich die Musiker 50 selbst aussuchen. Erst gab die DB die Reparatur an einem Zug als Ursache an, ein paar Tage später heiß es dann aber, eine Unwetterfront sei schuld gewesen.

---

❸ das Bundesverkehrsministerium「ドイツ連邦運輸省」 ❹ der Ausbau「補充・強化」 ❺ generalsanieren「全面的に改修する」 ❻ die Sozialen Netzwerke (*pl.*)「ソーシャルネットワーク (SNS)」 ❼ dem Ärger Luft machen「怒りをぶちまける」 ❽ die Radioübertragung「ラジオ放送」

Grammatik

次の各文を、指示にしたがって書き換えましょう。

a) Das Schienennetz hält der großen Beanspruchung nicht stand. [話法の助動詞 können を加える]

→

b) Wir müssen jetzt dringend umsteuern. [話法の助動詞 müssen を省く]

→

c) Auch das Wetter kann Verspätungen auslösen. [話法の助動詞 können を省く]

→

Lexik

次の語の意味を調べてみましょう。

a) vernachlässigen

b) das Bedürfnis

c) auslösen

d) investieren

e) digitalisieren

f) die Baustelle

g) sperren

Landeskunde

次の問いに答えてみましょう。

1. Fahren Sie oft mit dem Zug?

2. Welche Verkehrsmittel verwenden Sie, wenn Sie zur Universität oder Arbeit fahren?

3. Finden Sie die Züge in Japan pünktlich?

チョコレートを愛してやまないあなたへ、
スイス・チョコレートの歴史をかじってみては？

🎧 41 　Die Schweiz ist einer der größten Exporteure[1] von Schokolade weltweit und ihre Produkte werden in alle Ecken der Erde exportiert. Schweizer Schokoladenmanufakturen[2] und Geschäfte locken jedes Jahr zahlreiche Besucher an, die Schokoladenprodukte genießen und ihre Herstellung erleben möchten. 　5

🎧 42 　Die Geschichte der Schweizer Schokolade ist eine faszinierende[3] Reise, die vor mehr als 200 Jahren begann. 1819 eröffnete François-Louis Cailler in Corsier bei Vevey eine der ersten mechanisierten[4] Schokoladenmanufakturen und begründete so die älteste, noch existierende Schokoladenmarke[5] der Schweiz. Im Jahr 1826 in seiner 　10

---

❶ der Exporteur「輸出業者」。ここでは輸出国の意味　❷ die Schokoladenmanufaktur「チョコレート工場」　❸ faszinierend「魅力的な」。動詞 faszinieren（魅了する）の現在分詞　❹ mechanisiert「機械化された」。動詞 mechanisieren（機械化する）の過去分詞　❺ die Schokoladenmarke「チョコレートブランド・銘柄」

Schokoladenmanufaktur in Serrières bei Neuchâtel erfand Philippe Suchard den „Mélangeur", eine Maschine zur Vermengung[6] von Zucker und Kakaopulver. Daniel Peter eröffnete 1867 in Vevey eine Schokoladenfabrik. Ihm gelang die schwierige Verbindung von Schokolade

15 mit Milch, womit er als Erfinder der Milchschokolade gilt. Ein paar Jahre später entwickelte Rodolphe Lindt 1879 in seiner Schokoladen-manufaktur in Bern mit dem „Conchieren" ein Verfahren, mit dem es ihm gelang, die erste Schmelz- oder Fondant-Schokolade[7] der Welt zu produzieren. Das ist besonders feine Schokolade mit einer glatten und

20 zarten Konsistenz[8]. Damit gelang der internationale Durchbruch der Schokoladenindustrie. Es wurden viele verschiedene Produkte auf den Markt gebracht wie Pralinen[9], Schokoladentafeln und Schokoladeneier.

In den folgenden Jahren entwickelten die Schweizer Chocolatiers ihre 🎧43
Techniken weiter und setzten neue Maßstäbe für Qualität und Geschmack.

25 Berühmte Marken wie Toblerone, Lindt, Sprüngli und Nestlé entstanden.

Die Schweiz hat sich im Laufe der Zeit zu einem der weltweit 🎧44
führenden Hersteller von Schokolade entwickelt und ihren Ruf für exzellente Qualität und handwerkliche Meisterschaft[10] aufgebaut. Deswegen gilt[11] die Schweizer Schokolade auch als die beste der Welt. Im

30 Jahr 2021 wurden rund 139.000 Tonnen Schweizer Schokolade exportiert. Ein sehr großer Teil ging nach Deutschland.

Auch wenn die Schweizer Schokolade als die weltbeste bezeichnet 🎧45
wird, exportieren Deutschland und Belgien dennoch mehr Schokoladenprodukte. Vor allem Belgien vermarktet seine Schokolade

---

❻ die Vermengung「混ぜ合わせること」 ❼ die Schmelz-Schokolade/ Fondant-Schokolade「とろけるチョコレート」。液状に近い溶けた状態のチョコレート ❽ die Konsistenz「堅さ・濃度」 ❾ die Praline「プラリネ、ボンボンチョコレート（木の実や果実などをチョコレートで包んだ菓子）」 ❿ die Meisterschaft「優れた腕前・技能」 ⓫ als ～¹ gelten「～¹と見なされている」

international sehr gut.

Da Deutschland einer der größten Schokoladenexporteure weltweit ist, wird natürlich auch viel Schokolade hergestellt. Die älteste bis heute produzierende Schokoladenfabrik Deutschlands liegt in **Halle (Saale)** und heißt „Halloren". Hier werden beispielsweise „Halloren Kugeln" hergestellt. Das sind Schokoladenkugeln in verschiedenen 40 Geschmacksrichtungen[12]. Die Form der Hallorenkugeln deuten die Silberknöpfe[13] **der Halloren Salzwirkerbrüderschaft** an[14]. Wichtig zu wissen ist noch, dass Hal(l) in Ortsnamen auftaucht, in denen Salz gewonnen[15] wurde oder wird.

In der Halloren Schokoladenfabrik befindet sich ein Museum, wo man 45 mehr über die Herstellung beliebter Schokoladenprodukte erfährt. Genau wie im Schokoladenmuseum **Köln**, mit seinem berühmten Schokoladenbrunnen[16], von dem man naschen darf.

Apropos Naschen: Eine Statistik aus dem Jahr 2021 zeigt auch, dass die Schweiz mit 9,56 Kilogramm Schokolade pro Kopf und Deutschland mit 50 9,21 Kilogramm die Nummer 1 und 2 in Europa sind, was den Schokoladenkonsum[17] angeht. 2020 aßen die Schweizer sogar 11,3 Kilogramm Schokolade pro Person.

---

❶❷ in verschiedenen Geschmacksrichtungen (*pl.*)「様々の味の」 ❶❸ die Silberknöpfe (*pl.*)「銀のボタン」。塩の採掘をしていた人々が来ていた祝祭用コートについている銀色のボタン ❶❹ an|deuten「それとなく表す」 ❶❺ Salz gewonnen「塩を採る」。gewonnen は gewinnen の過去分詞 ❶❻ der Schokoladenbrunnen「巨大チョコレートフォンデュ」。大きなチョコレートフォンデュがあり、ウェハースをチョコの泉にひたして来館者に配っている ❶❼ der Schokoladenkonsum「チョコレートの消費・消費量」

Grammatik

次の **A** と **B** がほぼ同じ意味になるように、空欄に適切な語を入れましょう。

a) **A:** Er begründete so die älteste, noch existierende Schokoladenmarke der Schweiz.

   B: Er begründete so die älteste Schokoladenmarke der Schweiz, _____ noch _____.

b) **A:** In der Fabrik befindet sich ein Museum, wo man mehr über die Herstellung beliebter Schokoladenprodukte erfährt.

   B: In der Fabrik befindet sich ein Museum, _____ _____ man mehr über die Herstellung beliebter Schokoladenprodukte erfährt.

Lexik

次の表現の意味を調べましょう。また、他に言い換えるとしたらどう言うことができるか、類語を見つけましょう。

a) in alle Ecken der Erde

b) neue Maßstäbe setzen

c) weltweit führend

d) der Ruf

e) naschen

f) apropos

g) pro Kopf

Landeskunde

自分なりに調べて、次の質問に答えてみましょう。

1. Essen Sie gerne Schokolade? Wenn ja, welche? Wenn nein, was essen Sie dann gerne?

2. Welches ist die älteste Schokolade in Japan?

3. Wie viel Schokolade produziert Japan jedes Jahr?

4. Welche berühmten Süßigkeiten gibt es in Japan?

環境活動家の行動は、人々の意識に変化をもたらすのか？
単なる迷惑行為で終わるのか？

🎧 49　Die „Letzte Generation" kämpft für einen effektiveren Umweltschutz[1]. In Deutschland, Italien und Österreich haben Klimaaktivistinnen und Klimaaktivisten dieses Bündnis gegründet. Sie fordern, dass die Länder mehr für den Klimaschutz unternehmen.

🎧 50　Auf ihrer Webseite steht: „Wir sind die Letzte Generation, die den 5 Kollaps[2] unserer Gesellschaft noch aufhalten[3] kann." In Deutschland fordern[4] sie von der Bundesregierung noch mehr und stärkere Maßnahmen im Kampf gegen die Erderhitzung[5]. Die Klimaschützer fordern ein Tempolimit von 100 km/h auf deutschen Autobahnen und die Einführung eines günstigen Personennahverkehrs[6] durch ein 9-Euro-Ticket. 10

❶ der Umweltschutz「環境保護」 ❷ der Kollaps「崩壊」 ❸ auf|halten「抑える・食い止める」 ❹ von …[3] ~[4] fordern「…[3] に~[4] を要求する」 ❺ die Erderhitzung「地球温暖化」 ❻ der Personennahverkehr「旅客近距離交通」

Um an ihr Ziel zu kommen und Aufmerksamkeit auf sich zu ziehen, 🎧51 organisieren sie verschiedene Aktionen. Die erste Aktion war im November 2021. Sieben Aktivistinnen und Aktivisten traten in Berlin in einen Hungerstreik[7]. Es folgten danach eine Reihe anderer Aktionen. Im

15 November 2022 störten die Aktivisten den Flugverkehr[8] des Berliner Flughafens **BER**. Sie warfen Kartoffelbrei[9] auf ein Gemälde von **Claude Monet** im **Museum Barberini** in **Potsdam**. In Italien färbten sie das Wasser des berühmten **Trevi-Brunnens** in **Rom** schwarz. Und sie lösten Notrufe[10] aus.

20 Mitglieder der „Letzten Generation" blockieren außerdem immer 🎧52 wieder Straßen, indem sie ihre Hände darauf kleben. So verursachen sie Staus. Oft müssen die Hände durch die Feuerwehr von der Straße abgelöst werden. Das hat ihnen den Spitznamen „Klima-Kleber" eingebracht. Aufgrund von Straßenblockaden[11] standen auch Krankenwagen im Einsatz

25 in den von den Klimaaktivisten verursachten Staus. Es gab Prozesse deswegen. Der Tod von bisher zwei Patienten musste untersucht werden, um die Schuld oder Unschuld bestimmter Mitglieder der „Letzten Generation" zu ermitteln[12].

Im Juni 2023 sagten die Klimaschützer, dass sie sich nun mehr auf die 🎧53

30 Reichen[13] konzentrieren wollen, da diese Bevölkerungsgruppe eine große Schuld an den Klimaschäden[14] trägt. Im selben Monat waren sie daher aktiv auf „der Insel der Reichen" **Sylt**. Sie besprühten[15] Privatjets und Boutiquen einiger Luxusdesigner[16] mit oranger Farbe. Diese Farbe steht

---

❼ der Hungerstreik「ハンガーストライキ」。非暴力抵抗運動の一つとされ、主張を世に訴えるために断食をする形態 ❽ der Flugverkehr「空路交通」 ❾ der Kartoffelbrei「（ミルクで薄めた）かゆ状のマッシュポテト」 ❿ Notrufe (pl.) auslösen「緊急通報をもたらす」 ⓫ die Straßenblockade「道路封鎖」。活動家たちによって道路の通行が妨げられていること ⓬ ermitteln「捜査する・調査する」 ⓭ die Reichen (pl.)「富裕層」 ⓮ der Klimaschaden「気候の異常変動」（気候の破損） ⓯ besprühen「（スプレーや霧吹きなどで）噴霧する」 ⓰ der Luxusdesigner「高級ブランドのデザイナー」

für die orangen Warnwesten[17], die Klimaaktivisten bei ihren Aktionen

tragen. 35

🎧 54   Es gab bereits mehrere Prozesse und auch Wohnungsdurchsuchungen. Meistens erhalten die Aktivistinnen und Aktivisten Geldstrafen und Arbeitsstunden, bei denen sie allgemeinnützige[18] Arbeit leisten müssen.

🎧 55   Etwa 500 bis 600 Mitglieder hat die „Letzte Generation". Sie mieten gemeinsam Wohnungen und werden durch Crowdfunding[19] finanziert. Sie 40 „containern[20]" auch, d.h. sie leben von Lebensmitteln, die sie in Mülltonnen und Müllcontainern hinter Supermärkten finden.

🎧 56   Die „Letzte Generation" sieht sich als Teil des globalen „**A22 Netzwerks**". Klimaschutzprojekte aus Ländern wie **Schweden**, **Frankreich**, Italien, **den USA** oder **Norwegen** haben sich in dem 45 Netzwerk zusammengeschlossen[21]. Sehr bekannt ist die Attacke auf das **Vermeer**-Gemälde „Mädchen mit dem Perlenohrring" in **Den Haag**.

🎧 57   Die „Letzte Generation" zieht viel Aufmerksamkeit auf sich. Allerdings ist die Ablehnung in der Bevölkerung mittlerweile groß. Man macht sich über die „Klima-Chaoten", ebenfalls ein Spitzname, lustig. Autofahrerinnen 50 und Autofahrer, die im Stau stehen, zerren die Aktivistinnen und Aktivisten von der Straße. Die Frage bleibt, wie sinnvoll Straßenblockaden und die Zerstörung von Bildern und Eigentum anderer für den Klimaschutz ist.

---

❼ die Warnweste「安全ベスト」。周りに存在を知らせて身の安全を守るためのベスト ❽ allgemeinnützig「多目的の」(特定の目的によらず、広く役立つ) ❾ das Crowdfunding「クラウドファンディング」。活動の財源として人々からの寄付を募るしくみ (ソーシャルファンディング) ❿ containern「コンテナ(ゴミ箱)を漁る行為」。スーパーマーケットなどの店舗のゴミ箱から、捨てられているまだ食べられる食料品を持っていく行為 ❷❶ sich zusammen|schließen「連携する、統合する」

Grammatik

1. 格変化させましょう。

   1格　　　　der Reiche　　　　　　die Reiche　　　　　　die Reichen

   2格

   3格

   4格

2. 次の **A** と **B** がほぼ同じ意味になるように、空欄に適切な語を入れましょう。

   A: Aufgrund von Straßenblockaden standen auch Krankenwagen in den von den Klimaaktivisten verursachten Staus.

   B: Aufgrund von Straßenblockaden standen auch Krankenwagen in den Staus, _____ von den Klimaaktivisten _____ _____.

Lexik

以下の語（句）の意味を調べましょう。

a) das Bündnis

b) die Aufmerksamkeit

c) eine Reihe (von/an)

d) im Einsatz sein

e) Schuld tragen

f) Arbeit leisten

g) sinnvoll

Landeskunde

次の問いに答えてみましょう。

1. Wie finden Sie die Aktionen der „Letzten Generation"?

2. Wäre es möglich, solche Aktionen auch in Japan durchzuführen?

3. Was können Sie für den Klimaschutz tun?

4. Was sollte/könnte Japan für den Klimaschutz machen?

オーストリア発、
人材不足により、幼稚園・保育園が閉園の危機に

🎧 58 Ende Juni 2023 schlug die Kindergartengewerkschaft **younion** in **Wien** Alarm. In den öffentlichen Kindergärten der österreichischen Hauptstadt fehlen mittlerweile 570 Elementarpädagoginnen und -pädagogen[1] bzw. pädagogisches Personal. Seit Anfang des Jahres stieg das fehlende Personal um 14 Prozent an. Die jetzigen Kindergärtnerinnen 5 und Kindergärtner fühlen sich überlastet[2].

🎧 59 Deshalb fand am 27.6.2023 eine Kundgebung[3] statt, um auf die Umstände[4] aufmerksam zu machen. „Es braucht daher dringend schnelle Lösungen, um für Entlastung[5] zu sorgen", äußert sich **Judith Hintermeier**, Pädagogin und Bundesfrauenreferentin[6] der younion-Gewerkschaft. Die 10

---

❶ der/die Elementarpädagoge/Elementarpädagogin「初等教育（幼稚園・小学校）教諭」 ❷ überlastet「負担超過の」 ❸ die Kundgebung「デモ」 ❹ der Umstand「事態・状況」 ❺ die Entlastung「負担の軽減・解消」 ❻ die Bundesfrauenreferentin「連邦女性部局担当者」

Forderungen sind seit Jahren die gleichen: eine Verringerung[7] der Kinderzahl in den Gruppen, eine Verbesserung des Fachkraft-Kind-Schlüssels[8], eine gesetzlich einheitliche Ausbildung der Assistentinnen und Assistenten sowie ausreichend Vor- und Nachbereitungszeit[9]. Der

15 Grundtenor der Protestveranstaltung[10]: Man fühle sich im Stich gelassen. Sämtliche Wünsche seien in den vergangenen Jahren ungehört geblieben. Werde sich nicht bald etwas ändern, werde man wieder protestieren.

Derzeit ist eine Fachkraft für 25 Kinder zuständig, unterstützt wird sie 🎧60 von einer Assistentin oder einem Assistenten. „Damit könne man sich
20 nicht einmal zehn Minuten für jedes Kind Zeit nehmen. Darüber hinaus nähmen administrative Aufgaben[11] ständig zu. Daher bräuchte es mehr administratives und auch mehr Reinigungspersonal[12]", meint Hintermeier.

Das pädagogische Fachpersonal müsse sich auf die eigentlichen 🎧61 Aufgaben konzentrieren können. Momentan decke es alles ab, vor allem
25 Reinigungstätigkeiten und administrative Aufgaben. „Das bedeutet eine enorme Belastung, die auf Dauer nicht gutgeht", so Hintermeier. Es bräuchte besonders in diesen Tätigkeitsfeldern Unterstützung durch mehr Personal. Die Überlastung führt dazu, dass viele, die eine Ausbildung im Bereich Kindergartenpädagogik begonnen oder abgeschlossen haben, den
30 Beruf aber nicht antreten. Auch bereits aktive Pädagoginnen und Pädagogen spielen mit dem Gedanken[13], den Beruf zu wechseln.

Wie die Situation in Gesamtösterreich aussieht, ist gar nicht so einfach 🎧62 herauszufinden. Denn es gibt keine einheitlichen Zahlen, um klare Fakten

---

❼ die Verringerung「減少」 ❽ der Fachkraft-Kind-Schlüssel「教員1人が受け持つ子供の数の比率」 ❾ die Vorbereitungszeit「準備時間」。教員が授業のために準備をする時間、die Nachbereitungszeit「振り返り・復習時間」。教員が授業をより充実させるために事後に振り返る時間 ❿ die Protestveranstaltung「抗議集会」 ⓫ die administrative Aufgabe「事務作業」。学校の管理運営上の仕事のこと ⓬ das Reinigungspersonal「清掃員」 ⓭ mit dem Gedanken spielen「（場合によっては〜してもいいなと）考える」。zu 不定詞句と共に用いる

und die Lage bundesländerübergreifend[14] darzulegen. Allerdings gibt es eine Studie der **Uni Klagenfurt**, die Ende 2022 darauf hinwies[15], dass 35 österreichweit bis 2030 rund 13.700 Fachkräfte[16] fehlen könnten. Würde man gegen die bestehende Personalnot[17] nichts unternehmen[18], wären es sogar 20.200.

Fest steht für die Kindergärtnerinnen und Kindergärtner, dass der Fachkräftemangel hausgemacht sei. Aufgrund der schlechten 40 Arbeitsbedingungen kündigen[19] jede Woche Pädagoginnen und Pädagogen. „Sie möchten pädagogische Arbeit leisten und nicht putzen, Kinder behüten[20] und nicht am Papierkram ersticken. Angesichts des Fehlens von Personal, könnte es passieren, dass im Herbst oder spätestens kommenden Frühling Betreuungseinrichtungen[21] nicht öffnen könnten", klagt **Karin** 45 **Samer** von den **Kinderfreunden**.

⓮ bundesländerübergreifend「連邦州横断的な」。オーストリアには連邦州が9つある ⓯ hin|weisen「～を（auf ～⁴）指摘する」 ⓰ die Fachkraft「専門（専任）職員。専任の教諭 ⓱ die Personalnot「人員難」 ⓲ unternehmen「（策などを）講じる」 ⓳ kündigen「退職を申し出る」 ⓴ behüten「守る」。ここでは「（子どもたちの）面倒をみる」 ㉑ die Betreuungsreinrichtung「保育施設」

Grammatik

次の各文の下線部を、直説法に直してみましょう。

a) Damit könne man sich nicht einmal zehn Minuten für jedes Kind Zeit nehmen.

könne →

b) Daher bräuchte es mehr administratives und auch mehr Reinigungspersonal.

bräuchte →

c) Das pädagogische Fachpersonal müsse sich auf die eigentlichen Aufgaben konzentrieren können.

müsse →

Lexik

次の語（句）の意味を調べましょう。

a) Alarm schlagen

b) der Grundtenor

c) sich im Stich gelassen fühlen

d) auf Dauer (nicht) gutgehen

e) klare Fakten

f) der Fachkräftemangel

g) hausgemacht sein

h) am Papierkram ersticken

Landeskunde

次の質問に答えてみましょう。

1. Sind Sie früher in einen Kindergarten gegangen? Wie war Ihre Erfahrung?

2. Wie ist die Situation in Japan?

3. Was ist eine Kinderkrippe?

4. Was ist der Unterschied zwischen Kindertagesstätte und Kindergarten?

KAPITEL 09
9 Euro für einen Döner? – Inflation in Deutschland

ドネルケバブが 9 ユーロ !?　物価高騰が止まらない

Döner Kebab[1] gilt als schnelles, leckeres Essen für zwischendurch und die niedrigen Preise haben ihn, neben der Currywurst mit Pommes[2], zu einem der Lieblings-Fast-Food-Gerichte der Deutschen werden lassen. Doch die Zeiten des Drei-Euro-Döners sind vorbei. Die Gastronomen[3] kämpfen mit der hohen Inflation und sind gezwungen, ihre Preise anzuheben. 5

„Wenn wir den Döner kostendeckend[4] verkaufen wollten, müssten wir die Preise auf mindestens neun Euro anheben", sagt **Ömer Gülec**, ein Betreiber[5] eines Dönerladens in **Frankfurt am Main**. Auch wenn viele

---

❶ der Döner Kebab「ドネルケバブ」。トルコ料理で原語では回転グリル料理　❷ die Currywurst mit Pommes「カレーソーセージのフライドポテト添え」。カレーソーセージは、焼いたソーセージにケチャップとカレー粉をかけたもの　❸ der Gastronom「料理店の主人」(男性弱変化名詞)　❹ kostendeckend「費用をカバーする」。ドネルケバブ1つを提供するのにかかる材料費や光熱費、人件費などをカバーできる料金をつけるなら9ユーロはするということ　❺ der Betreiber「経営者」

seiner Kunden die Teuerung[6] verstehen könnten, müsse Gülec gut

kalkulieren[7], damit die Kunden nicht aufgrund zu hoher Preise

fernbleiben[8].

Im Februar 2023 lagen die Verbraucherpreise[9] 8,7 Prozent über dem 🎧66

Vorjahresniveau[10]. Neben den Energiepreisen machen auch die hohen

Einkaufspreise für Lebensmittel den Gastronomen zu schaffen[11]. „Allein die

Tomatenpreise sind um 65 Prozent gestiegen", so Gülec. Die gestiegenen

Einkaufspreise beschränken sich nicht nur auf einzelne Produkte.

Bei der Auswertung der Daten des **Statistischen Bundesamts** zeigt 🎧67

sich, dass Lebensmittelpreise stärker gestiegen sind als Preise anderer

Produkte. Die Preise für Getreideerzeugnisse[12] im Februar 2023 waren um

24,3 Prozent höher als noch vor einem Jahr. Bei Gemüse sind es rund 20

Prozent mehr, Rind- und Kalbfleisch kosten um etwa 18 Prozent mehr.

Karsten Sandhop, Referent beim Statistischen Bundesamt, erklärt: 🎧68

„Wir haben aktuell eine Situation, in der insbesondere der Krieg in der

Ukraine dazu geführt hat, dass viele Preise auch beim Import von Waren

deutlich gestiegen sind." Lebensmittel sind laut des Experten besonders

betroffen. Hinzu kommen laut Sandhop Personalkosten[13]: „Im Oktober

2022 wurde der Mindestlohn[14] in Deutschland auf zwölf Euro pro Stunde

angehoben. Diese Kosten werden natürlich auch auf die Kunden

umgelegt[15]."

Eine besonders große Belastung für die Gastronomen sind die hohen 🎧69

---

❻ die Teuerung「物価上昇・値上がり」 ❼ kalkulieren「算定する」 ❽ fern|bleiben「出てこない」。ここでは来店しない、つまり、客足が遠のいてしまうことを指す ❾ der Verbraucherpreis「消費者物価指数」 ❿ das Vorjahresniveau「前年同時期の水準」 ⓫ j³ zu schaffen machen「～を苦しめる（悩ませる）」。ここでは den Gastronomen が複数3格 ⓬ das Getreideerzeugnis「穀物製品」 ⓭ die Personalkosten (*pl.*)「人件費」 ⓮ der Mindestlohn「最低賃金」 ⓯ um|legen「（費用などを）割り振る」。ここでは原材料費や人件費が増している分、価格に反映して顧客にその負担（の一部）を負わせること

Energiekosten. Restaurants und Imbisse brauchen viel Energie, um die Lebensmittel kühl zu lagern. Aber auch die Verarbeitung[16], wie kochen, braten und backen, verschlingt viel Strom. Deutschlandweit reagieren die Inhaber[17] von Dönerläden deshalb und heben ihre Preise an. Zahlen des Lieferdienstes[18] **Lieferando** zufolge kostet der Döner in **Dresden** mittlerweile 6,40 Euro, in Frankfurt am Main ist der Durchschnittspreis auf 7,80 Euro gestiegen. In München werden für den Döner demnach im Durchschnitt sogar schon 7,98 Euro verlangt. Den günstigsten Döner gibt es in **Bremen** mit durchschnittlich 6,17 Euro. In der „Dönerhauptstadt" Berlin liegt der Durchschnittspreis bei 7,08 Euro.

Die Inflation hat Deutschland voll im Griff. Am höchsten war die Inflationsrate im November 2022 mit 8,8 Prozent. Im Januar und Februar 2023 war sie ebenfalls über 8 Prozent gestiegen. Danach fielen die Preise etwas. Im Juni 2023 stieg die Inflation wieder leicht an. Es bleibt zu hoffen, dass sie im Winter nicht über die 10 Prozent steigt. Denn dann könnte der Döner vielleicht schon 10 Euro kosten. Solche gesalzenen Preise[19] dürften der Gastronomie sehr schaden.

⓰ die Verarbeitung「加工・処理」。ここでは調理等のこと　⓱ der Inhaber「所有者」　⓲ der Lieferdienst「宅配業者」　⓳ gesalzene Preise (*pl.*)「法外な（ほどに高い）値段」

────Übungen und Aufgaben────────────────────────

Grammatik

次の各文を現在時制で書いてみましょう。

1) Die niedrigen Preise haben ihn zu einem der Lieblings-Fast-Food-Gerichte der Deutschen werden lassen.

    →

2) Allein die Tomatenpreise sind um 65 Prozent gestiegen.

    →

Lexik

次の語句の意味を調べましょう。

a) die Zeiten sind vorbei

b) betroffen sein

c) auf $\sim^4$ umlegen

d) hohe Belastung

e) im Griff haben

f) es bleibt zu hoffen

Landeskund

次の質問に答えてみましょう。

1. Haben Sie schon einmal Döner Kebab in Deutschland gegessen? Welche Unterschiede gibt es zu dem japanischen?

2. Welche anderen deutschen Gerichte kennen Sie?
➡ S.46　AHA-BOX

3. In welchen Bereichen gab es in Japan Teuerungen?

4. Denken Sie, dass die Länder sich von der Inflation wieder erholen werden?

KAPITEL 10 Krebs
– der schleichende Feind

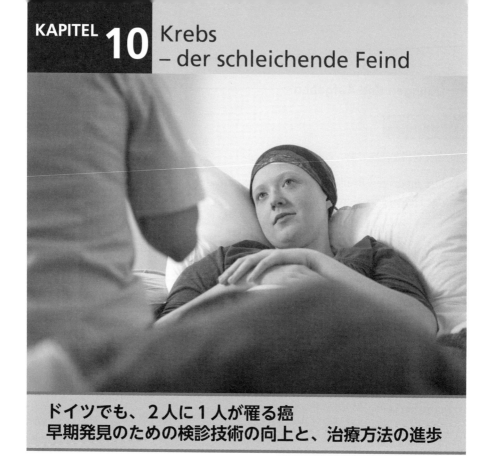

ドイツでも、2人に1人が罹る癌
早期発見のための検診技術の向上と、治療方法の進歩

Krebs[1] ist wohl die Krankheit, vor der wir am meisten Angst haben. Bei so vielen Krebsarten könnte es jeden treffen. Studien haben tatsächlich ergeben, dass jeder zweite Deutsche einmal im Leben an Krebs erkranken wird. Natürlich kann eine gesunde Lebensweise und vor allem Vorsorgeuntersuchungen, das Risiko an Krebs zu sterben, mildern. Eine 5 Früherkennung[2] erhöht die Heilungschancen[3] erheblich.

Aufgrund ihrer Veranlagung[4] hatte die Schlagersängerin[5] Nicole (58) ein erhebliches Risiko, an Krebs zu erkranken. Sie machte regelmäßige Untersuchungen und hörte sehr auf ihr Körpergefühl. Durch die frühe Diagnose[6] waren ihre Heilungschancen sehr gut. Nicole gewann vor 41 10

---

❶ der Krebs「(病名の) 癌」 ❷ die Früherkennung「早期発見」 ❸ die Heilungschance「治癒（寛解）可能性」 ❹ die Veranlagung「体質」 ❺ Schlagersängerin/ Schlagersänger「ポピュラーソング歌手」 ❻ die Diagnose「診断」

Jahren den **Grand Prix (Eurovision Songcontest)** mit dem Lied „Ein bisschen Frieden". Ein Lied so aktuell, dass beim Anhören die Tränen fließen. Als Nicole ihre Diagnose erhielt, flossen keine Tränen. Sie akzeptierte die Krankheit und kämpfte gemeinsam mit dem Ärzteteam, um

15 gesund zu werden.

Etwa 4,65 Millionen Menschen in Deutschland leben mit einer 🎧73 Krebsdiagnose, mehr Menschen als je zuvor. Noch schockierender ist eine US-amerikanische Studie. Demnach werden Krebserkrankungen auch bei jungen Leuten zwischen 15 und 19 Jahren immer häufiger. Zwischen 1975

20 und 2012 ist die Zahl an Diagnosen um 25 Prozent gestiegen. Es gibt bisher für den Krebs bei jungen Menschen kein einfaches Erklärungsmodell[7]. Erklärungsversuche von Umweltschäden oder ungesunder Ernährung als Ursache müssen in Studien noch belegt werden.

Doch es gibt auch gute Nachrichten. In den vergangenen Jahren haben 🎧74

25 Forschung und individualisierte Therapien[8] enorme Fortschritte gemacht. Immer häufiger werden schwere Fälle in fortgeschrittenen Erkrankungsstadien[9] geheilt. Das bestätigt auch der Chirurg **Prof. Jens Werner**, Direktor der Klinik für Allgemein-, Viszeral- und Transplantationschirurgie[10] des **LMU Klinikums**. Der international

30 anerkannte Spezialist berichtet über die neuesten Fortschritte in Diagnostik und Therapie.

Zum einen ist die Vorsorge engmaschiger geworden und hilft, schon im 🎧75 Frühstadium Krebs zu erkennen. OP-Roboter ermöglichen den Ärztinnen

---

❼ das Erklärungsmodell「説明モデル」。病気になった時に、原因や対処について考え、行動する病気対処行動の形式的描写のこと ❽ individualisierte Therapien「個人に合わせた療法」 ❾ das Erkrankungsstadium「病期」(Stadien は Stadium の複数形) ❿ die Allgemeinchirurgie「一般外科」、die Viszeralchirurgie「臓器外科」肝臓・胆臓・膵臓などを扱う外科、die Transplantationschirurgie「移植外科」

und Ärzten ein schonendes Operieren. Auch bei der Chemo- und Strahlentherapie[11] hat sich viel getan. Durch die Vorbehandlung[12] mit 35 Chemo- oder Strahlentherapie ist es heute immer häufiger möglich, dass der Tumor komplett verschwindet.

76 Als nächstes erzielt die noch junge Immuntherapie[13] bereits große Erfolge bei der Bekämpfung von Krebs. Dabei wird das körpereigene Immunsystem durch spezifische Antikörper[14] so angeregt, dass es den 40 Tumor aus eigener Kraft ohne weitere Therapie oder Operation angreifen kann.

77 Durch das Zusammenwirken von Chirurgie[15], Gastroenterologie[16], Onkologie[17], Strahlentherapie[18] und Radiologie[19] entstehen innovative Therapiekonzepte. Bei Tumorkonferenzen[20] entwerfen die Spezialisten 45 maßgeschneiderte Therapieformen für jeden einzelnen Patienten.

78 Es gibt noch viele weitere Beispiele für den Fortschritt im Bereich Krebstherapien. Ein Grund zum Aufatmen?

Einblicke ➡ S.42

---

❶ die Chemo- und Strahlentherapie「化学放射線療法」 ❷ die Vorbehandlung「予備処置」 ❸ die Immuntherapie「免疫療法」 ❹ der Antikörper「抗体」 ❺ die Chirurgie「外科」 ❻ die Gastroenterologie「胃腸病学」 ❼ die Onkologie「腫瘍学」 ❽ die Strahlentherapie「放射線療法」 ❾ die Radiologie「放射線学」 ❿ die Tumorkonferenz「腫瘍会議」

Grammatik

1. 次の形容詞・副詞の原形（原級）を答えましょう。

    a) meist   b) mehr   c) häufiger   d) neuest   e) nächst

2. 次の日本語に合う語句に入る前置詞を答えましょう。

    a) 〜に対する不安がある   _____ $\sim^3$ Angst haben

    b) 〜に罹患する   _____ $\sim^3$ erkranken

    c) 〜に耳を傾ける   _____ $\sim^4$ hören

    d) 自力で   _____ eigener Kraft

Lexik

次の語（句）の意味を調べてみましょう。

a) das Körpergefühl

b) engmaschiger

c) körpereigen

d) innovativ

e) maßgeschneidert

f) sich mit dem Gedanken auseinandersetzen (Landeskunde の 1.)

Landeskunde

以下の質問に答えてみましょう。

1. Haben Sie sich schon einmal mit dem Gedanken auseinandergesetzt, an Krebs zu erkranken?

2. Betreiben Sie Vorsorge?

3. Kennen Sie jemanden, die oder der an Krebs erkrankt ist/war?

4. Welche Krebsarten kennen Sie?

DACH から届いた現地映像やインタビューを
ちょっと見て／聞いてみましょう。

KAPITEL 03

インタビュー：Sandra Großmann

特別支援学校で教師をしている Sandra さんが、コロナ禍の学校での対策について話してくれました。

KAPITEL 10

インタビュー：Diana Beier-Taguchi

著者自らが、自身の癌罹患について、また、日本とドイツの治療法の違いについて語ります。

ドイツの就学 → S.12

連邦州によって、あるいはその年のカレンダーによって異なりますが、ドイツの新しい学校年度は 8 月か 9 月に始まり、1 年生が就学します。

州ごとに大きな違いがあります。就学児がシュールテューテ（ツッカーテューテとも。円錐や六角錐の形をしていることが多い【写真参照】。文具やお菓子などが入った入れ物）をプレゼントされる州もあれば、入学にあたり特別な習わしのない州もあります。教会の礼拝が行われるところもあります。

入学セレモニーは週の途中ではなく、週末に催されます。上級生たちは学校生活にまつわる楽しいエピソードを、音楽に乗せて劇で披露します。その後、学校長が新入生の名前を一人ずつ読み上げます。シュールテューテが積み上げられた山から、めいめいシュールテューテを受け取り、クラスごとに別れてクラスメイトや担任の先生と顔合わせします。クラス写真を撮って、一連のセレモニーが終わります。

家に帰るまでシュールテューテは開けずにおきます。家に帰ると、シュールテューテを開け、家族、親戚、知人、友人たちと楽しいお祝いです。

▲
ツッカーテューテの木

▲ ツッカーテューテと新一年生

▲▲ 家庭では、手作りケーキなどでお祝い

ドイツの鉄道 ➡ S.18

　「残念ながら、私たちのドイツ旅行中、絶えず鉄道には悩まされました。ツヴィッカウからライプツィヒに移動しようと鉄道を利用しましたが、タイミングが悪いことにこの区間は工事中でした。ツヴィッカウを出てまもなく工事区間が始まりました。それがライプツィヒ到着の直前までの区間続いていたのです。ライプツィヒへはバスだと鉄道よりも 2 時間長くかかるということで鉄道を利用したのですが、こんなことならはじめから振替輸送（バス）を使うべきでした。結局、ケムニッツからライプツィヒに入りました。ライプツィヒからケムニッツに戻る帰路では、また新たなびっくりが私たちを待ち受けていました。私たちを運んでくれた客車は、2005 年製のディーゼル機関車に牽引された実に古いものだったのです。

　私のエピソードは、いまドイツ鉄道（DB）が抱えている問題を如実に表していると思います。ちなみに、提供している写真はライプツィヒ中央駅で電車を待っていたほんの 3 分間で撮りました。3 分間でこれだけの素材が集まるほどに、DB は何かしらのトラブルを抱えているのです。」(Diana Beier-Taguchi)

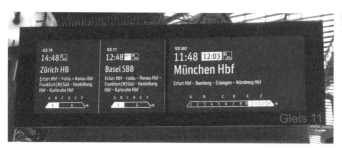

ICE507 が 15 分遅延していることを示す表示

列車の到着が 6 分遅れている上、発車番線も変更になっている

振替輸送のバスが運行されることになったため、本来の（鉄道の）13:36 から 16:26 に時間が変更になっている

この客車は（牽引されていた）
ディーゼル機関車よりもさら
に古いと思われる。旧東ドイ
ツ（DDR）時代に使われてい
たタイプの客車だ

DACH の料理いろいろ → S.37

　DACH の国々では一日三食、365 日、ジャガイモを食べていると思われているかもしれませんが、そんなことはありません。たしかにジャガイモは好んで食べられますが、主食というより副菜です。また、そのバリエーションも、ゆでたじゃがいも、カリカリに炒めたじゃがいも、ポテトサラダ、フライドポテト、じゃがいもの団子など、実に豊かなのです。

　主食であり、最も重要な食べ物は、やはりパンです。パンは、朝食でも、学校（の間食）でも、夕食にも食べられるものです。そしてその種類の多いこと。

　DACH の中でも、とりわけドイツとスイスには移民が多く暮らしており、移民によって新しい食文化が持ち込まれています。その結果、非常に国際的・多国籍な食事が増えています。もちろん、ドイツ語圏独自の伝統的な料理やお菓子もおすすめです。

　オーストリアには、ザッハートルテだけでなく、リンツァー・シュタンガールやポルスターツィプフに代表される焼き菓子、他にもリンツァートルテやドーナウヴェレ（地域によっては白雪姫ケーキとも呼ばれる）などのケーキ類も豊富です。

　スイスでは、チーズやチョコレートが有名なのはもちろんですが、チーズを使ったものだけでもフォンデュ、ラクレット、コルドン・ブルー（ハムとチーズを挟んだ仔牛肉シュニッツェル）を初めとした郷土料理がたくさんあります。また、チューリヒャー・ゲシュネッツェルテス（細切りにした牛肉のクリーム煮）やリーツ・カシミール（カレー料理）などチーズに頼らない名物料理も多数あります。

　最後にドイツ料理を紹介します。ドイツには肉料理はもちろんのこと、魚料理も数多くあります。若ニシンのクリームソース、魚のハンバーグ、北ドイツ風魚の鉄鍋煮込み料理など、いくつかの例を挙げるだけでもいろんなバリエーションがあることがわかります。よく食べられる魚は、サーモン、ニシン、ウナギ、シイラ、大ヒラメ、タラ、サバ、マス、スズキ、マグロ、カレイ、鯉（特に、ドイツ東部ではクリスマスや新年に鯉を食べる習慣があります）などです。

Currywurst
ドイツの定番、カリーヴルスト。この手軽なファストフードは小腹の空いた午後に大人気だ

Döner Kebab
ドイツ人のもうひとつの好物、ドネルケバブ。直訳すると「回転する焼き肉」という意味のトルコ料理

Schnitzel
ヴィーナー・シュニッツェル（Wiener Schnitzel）が子牛肉で作られ、ポテトサラダが添えられているのに対し、ドイツのシュニッツェルは豚肉で作られ、たいていフライドポテトが添えられている
写真提供：Heike Albertsmeier

Schäufel/ Schäuferla
フランケン地方の名物料理だが、ヘッセン州でもよく食べられている。豚の肩ロース肉（骨と皮を使うので、スコップのような形をしている）を焼いたもの。じゃがいもの団子とザウアークラウトを添えて
写真提供：Heike Albertsmeier

Quarkkäulchen/ Quarkkeulchen

Vogtland（ザクセン州）の名物。クヴァークと呼ばれるフレッシュチーズの生地をフライパンで焼いたもの。リンゴのムースと一緒に食べるこのデザートは、学校給食としても大人気

Abendessen/ Abendbrot

バイエルンの家庭での夕食。パン、チーズ、ソーセージ、そしてピクルス。夕食の好みは家庭によって異なるが、パン、ソーセージ、チーズは常に食卓に並ぶ
写真提供：Heike Albertsmeier

Sektfrühstück

"シャンパン・ブレックファスト"と呼ばれる、ホテルやカフェなどでの贅沢な朝食。自分へのご褒美や大切な日を祝うために利用することがある。自宅で家族や友人と食べることも
写真提供：Heike Albertsmeier

表紙デザイン：
　　駿高泰子（Yasuco Sudaka）
写真提供：
　表紙　　表・右上「A」の中：picturedesk.com/ 時事通信フォト　　表・右下「D」、左下「A」の中：EPA
　＝時事　　表・左下「H」の中：dpa/ 時事通信フォト　　その他：Shutterstock.com
　Kapitel
　1：picturedesk.com/ 時事通信フォト　　2：dpa/ 時事通信フォト　　7：EPA ＝時事
　3、4、5、6、8、9、10：Shutterstock.com

DACH・トピックス10
ダッハ
2024年度版

検印
省略

©2024年 1 月30日　初版発行

著　者　　Diana Beier-Taguchi
　　　　　田　中　雅　敏

発行者　　小　川　洋一郎

発行所　　株式会社朝　日　出　版　社
101-0065　東京都千代田区西神田3-3-5
電話直通　（03）3239-0271/72
https://www.asahipress.com
組版／印刷・信毎書籍印刷株式会社